— *Abstractions* — des haïkus ne relevant pas de données tangibles appartenant à la réalité — *Anecdotes* — des petits faits observés par myself — *Animaux* — haïkus comportant des animaux vivants, la plupart du temps, mais parfois en peluche — *Collaborations* — haïkus écrits avec la contribution quelqu'un d'autre - la plupart du temps involontairement de la part de la personne que j'écoute — *Couleurs* — comportant l'évocation d'une couleur — *Dictons* — sorte de dictons, phrases péremptoires qui reviennent de lointaines entités — *Elle* — haïkus se rapportant à l'observation d'une femme que j'aimais — *Espace* — relativement à des questions spatiales — *Femmes* — observations de femmes — *Fleurs* — des fleurs, bien sûr, un des domaines privilégiés du haïku — *Gens* — cette catégorie est souvent parallèle à la catégorie anecdotes - c'est que les faits sont produits par des gens — *Listes* — des listes, ou peut-être devrais-je préciser des départs de listes, car le haïku, à cause de sa brièveté, ne permet pas l'extension compulsive — *Livres* — quelques évocations de livres, pages de livres *Moi* — haïkus dans lesquels j'entre en jeu — *Nature* — relativement au paysage — *Nourriture* — nombreux sont mes haïkus dans lesquels figurent des éléments culinaires, quelques ingestions de nourriture — *Objets* — où l'on peut compter sur les objets — *Observations* — des haïkus dans lesquels la distance de l'observateur à l'objet de son haïku est notable — *Paroles* — haïkus comptant des dialogues ou quelque phrase saisie à l'écoute — *Ready-made* — simples notations d'inscriptions, de panneaux trouvés, écrits par des gens qui ne se revendiquent pas auteurs — *Répétitions* — répétitions, répétitions — *Saisons* — déterminés par ce que nous pouvons reconnaître comme faisant partie de la saison dans laquelle nous savons nous trouver — *Sexe* — des haïkus sulfureux — *Sons* — ou absence de…

—

Christophe Rey

—

237 haïkus

—

Héros-Limite

—

Du pain, du pain
Des sandwichs
Des petits pains au sucre

Elles susurrent,
Petits pas concomitants
Et sourire d'un immiscé

$\frac{1}{2}$

Ci-devant, la calotte des monts enneigés
Dans mon dos,
Le lit défait

La chocolatière de la boulangerie
Vit à deux maisons
De la star

$\frac{3}{4}$

Tant que je ne dis rien
Je reste poli
Et froid

Se réclament-ils pasteurs,
Ce couple
De polichinelles?

$\frac{5}{6}$

Par mesure d'hygiène
Il nous est interdit
De travailler sur des vêtements sales

Après une semaine de délais,
En dix minutes
Elle couture le col de ma veste

$\frac{7}{8}$

L'on fume dans la rue
De ce côté de la vitrine,
L'encart chute

Électroménager:
La démonstratrice slave
M'oblige à boire un jus pomme–carotte

$\frac{9}{10}$

Pieds froids,
Paire de chaussures blanches,
Lit de poussière

Je suis malade :
Des frissons
Et des tensions stomacales

Cette nuit, m'allonger
Me fais courir aux toilettes
Corps pitié!

La chanson
De l'obèse décédé
Qui se voyait oiseau

Ils n'utilisent pas la même lessive,
Les deux employés
Aux chemises carrelées

Chacun raconte son histoire
De projet culinaire :
Un hot dog pour le gros !

$\frac{15}{16}$

Deux sans quoi?
Deux sans quoi?
Un sans rien

Je ne vois pas que sur scène
L'on doive avoir l'air
Si triste, si triste

$\frac{17}{18}$

Une enfant relève la tête,
Devient naine
Et crache parterre

Les pétales des fleurs des arbres
Sont blancs,
Les primevères jaunes

$\frac{19}{20}$

Oh, un papillon!

...

...

Ils m'ont surpris, mes hôtes,
A converser couchés
Sur le parquet du salon

21
—
22

Elle se rattrape peut-être,
La petite,
Bouchée

Tous noirs,
Du proche au lointain :
Deux mouches, un rapace, un hélicoptère

$\dfrac{23}{24}$

Des sushis, bientôt,
En avoir mangé
Sera l'opprobre

Quelle dextérité ce chat!
A l'instant
Je vois un chat

$\frac{25}{26}$

Fleurs et code pénal,
Sur la nappe en plastique
Les livres tiennent debout

Il y a trois juristes
Dans la pièce,
Le droit fuse

$$\frac{27}{28}$$

Je la crois heureuse
A la nuit tombante,
Chauve-souris volette

Sur les branches de ses lunettes
La marque Dior
Elle a les joues injectées de sang

29
—
30

– Roméo est parti avec Nono
Les yeux qui roulent
Maintenant je suis libre

– Tu veux manger quelque chose ?
– Non, j'ai tout dans mon sac,
Je ne dépense rien

$\dfrac{31}{32}$

Pleine du mariage royal,
La salle d'attente
De mon médecin

La dépression,
Une maladie
Qui nous concerne tous

33
—
34

Écrit sur son ticheurte:
One team, One Dream, Beating in one heart
Elle s'étale sur le trottoir

Ce soir, pâtes sauce tomate,
Plutôt que cet oiseau nicheur,
Pattes/brindilles

$\frac{35}{36}$

Ball-trap et coupe claire,
Très peu
La guitare, un peu

Eh bien oui
Je suis dehors,
Instar des sangliers et des cailles

Dame chute
Au Bureau-Pizza Pub,
Menton cogne table

De vieilles mains s'échappent
Carte postale,
Stylo, veste, sac

$\frac{39}{40}$

Villa, panneau publicitaire,
Maison, publicité
Toute la route

Et toujours,
Les noms d'oiseaux
Me manquent

$$\frac{41}{42}$$

Elle voit Rembrandt et Léonard
Et moi, heureusement,
Point de sanglier

Dans ses bras,
Grandeur bébé :
Un phoque peluche

$$\frac{43}{44}$$

Il a plu toute la journée
La nuit?
Je dormais

Le mot qu'elle préfère?
Pamplemousse
Je choisis musaraigne

$$\frac{45}{46}$$

Oui, je reste silencieux,
Et peu de minutes
Sans penser à elle

Pouce, index,
Majeur, annulaire, auriculaire
Ongles rouges

$$\frac{47}{48}$$

Sur son balcon,
Elle fume
Sous la pluie

Contre un mur de sa cuisine,
Elle jette
Un spaghetti

$\frac{49}{50}$

Au plafond:
Atlas la rose,
Nappée de vide

Le pain est frais,
Le beurre est dur
Quasi un haïku

$\frac{51}{52}$

Le 1er mai,
Nous mangeons
Une tarte au citron

Dans le gravier:
Nez de clown
Ou tomate-cerise?

$\dfrac{53}{54}$

Où se trouve-t-il
Ce tapis
Que je dois voir?

Ah, j'ai le mal des hauteurs
Je crois que je vais mourir
Arrière!

$\frac{55}{56}$

Personne ne sait prononcer Grengiols,
A part les habitants
De Grengiols

Je n'aime pas cette vallée
Aux prés d'opulent vert
D'après-midi estival

$$\frac{57}{58}$$

Le chalet grince sous moi
Tous dorment
Quelle porte la douche?

Les insectes d'hier soir,
Je détenais le chocolat
Au jeu des plombiers

59
—
60

Les ruminants tintent,
Les massifs résonnent,
Silencieux escargot!

Feuille de papier,
La terre vue de la lune,
Palette de couleurs

61
—
62

Rue Centrale à Evolène
Rangs de vis-à-vis :
Géraniums, chalets, montagnes

Trop de bonjours,
Tout le monde
Se dit bonjour

$$\frac{63}{64}$$

Quatre billots de bois
Une planche
Le banc

En diagonale,
Les randonneuses
Traversent la place

$\frac{65}{66}$

Une inquiétude
Dans le regard :
Qui sont ces autres ?

A Evolène,
Le terrain de football
Jouxte le cimetière

$$\frac{67}{68}$$

Chalet, mazot
Museau, naseau
Châlit, tapis

– Ben fais gaffe, Chaussette!
Dit une femme
A un chat imprudent

$\frac{69}{70}$

Elles sont vêtues de noir,
Les femmes
Du Val d'Hérens

Café verse dans sous-tasse
La serveuse dit:
– Ha pô te Dieu!

$\frac{71}{72}$

Poivrot à Evolène:
– Aux noirs,
On leur coupe les couilles

Géranium, géraniums
Géraniumss
Géraniumsss

$\frac{73}{74}$

Ces jours,
Les fleurs des champs
Vont aux foins

Trois araignées chéries,
Feu d'artifice négatif
Les moucherons, les retombées

$\frac{75}{76}$

Harangue de rue:
– Tu pars en voyage?
– Non, je vais faire la lessive!

J'imagine un filet de perche,
Deux filets de perche,
Trois filets de perches

$\frac{77}{78}$

En riant,
Ma mère dit
Qu'elle a peur de rire

Chez mes parents,
J'ai tondu le gazon,
Cassé une lampe

$\frac{79}{80}$

Causes de ma fatigue :
Insomnie, insolation,
Excès de tarte aux abricots

Finalement,
Le livre feuilleté
Est lu

$$\frac{81}{82}$$

La vie des oiseaux
N'est pas
La vie des merles

Le chant des merles,
Le rouge et le noir d'une coccinelle,
Ne forment pas un tout

$$\frac{83}{84}$$

Au sol,
Ma tête heurtée
Petits poissons

Née à Cadillac,
Poitrine bleue,
Moineaux arrogants

$\frac{85}{86}$

Aujourd'hui, un dealer
M'a appelé Monsieur Alex
Et traité de pédé

A la pharmacie,
Grande conversation sur Pol Pot
Et moi je poirote

$\frac{87}{88}$

En jouant de la guitare,
Vous attrapez des tiques
Les femelles sont poison

De meuble en meuble,
Traverser la pièce
Sans toucher le sol

89
—
90

La voisine
Peint une chaise
Au spray

Raciste de père en fils,
A midi,
Les papetiers

$\frac{91}{92}$

Parlant d'un habitué,
Une serveuse à une autre :
– Il est parfumé à la bière

Buse plane,
Fourmi avance,
Je fatigue

93
—
94

Assiettes mal lavées,
Y manger
Me dégoûte

Un cycliste me dit :
– Feignant, feignant,
Portez vos cheveux !

$\dfrac{95}{96}$

Qui aura le courage
De s'asseoir
A côté de moi?

Sur la Place des canons,
Des femmes s'intéressant
Aux canons

$\frac{97}{98}$

Vol pour Londres :
Distribution de chocolat
Au-dessus de Paris

J'aurais pu la téter,
Passagère
Remonte le vol

$$\frac{99}{100}$$

Bascule sur Londres :
Se lève de son siège
Un membre de l'assemblée des vieilles mères

Ce restaurant Grec connaît
Les boîtes de conserve,
Pas la cuisine

101
—
102

Je connais une toute petite chambre d'hôtel :
Alexandra Hôtel,
Sussex Place, London

Pour visiter Le Zoo de Londres,
Je n'ai pas besoin
De babouin

103
—
104

Nom d'une gare?
Help Point?
Way Out? Ladies?

A la minute,
Suis peut-être le seul dans Londres
A penser à ce noisetier

105
—
106

Famille de Vikings à l'hôtel,
D'une abyssale tristesse,
Adolescente à la traîne

Chambre d'hôtel d'angle,
Je vois par la fenêtre
Une femme qui se gratte le cou

107
—
108

Laozi (V. & A. Museum),
Son crâne
Me reste en tête

A Hampton Court,
J'ai marché dans beaucoup de merdes
Biches et oies

109
—
110

Bibite no
Snack no so
Panini si

Monsieur pipi
À l'Autogrill ·
Tinte monnaie

111
—
112

A 2500 mètres
Il y a
Du café

– Mais maman,
Tu fais quoi?
– Je vais faire pipi

Une marmite
Sur le rebord
De la fenêtre

Chute d'eau,
Non pas celle
Que j'entends

Vallées nocturnes,
Où seules
Luisent les églises

Dans l'espace le plus dépouillé
L'on peut perdre
Une chaussette

117
—
118

Sur l'autoroute du Nord,
Il y a danger
De capoter une biche

Le grossissant miroir de Colmar
Déclenche l'usage
Du fil dentaire

119
—
120

Est-elle possible
La cuite
Au Coca-Cola?

Nuits, jours d'affilée,
A dormir sans lit
Et quémander de l'argent

121
—
122

Céans japonais
Sur papier journal,
Sur banc de pierre

Me tombe sur l'épaule
Mie de pain
Jetée aux pigeons

123
—
124

Maison,
Sur moi,
A Colombages

– Ne laisse pas tomber
Les chips
– Mes chips! Mes chips!

– Le ticket?
– Non, une bise
Tous rigolent

100 *kilomètres de caves*
– Nous allons être
Complètement cuits

127
—
128

A faire, aux champs
Jaunes nuages,
Des blés

Paix paysanne,
Maïs, blés, vaches,
Et bornes des morts

129
—
130

Cette fois
Sur Laon
Il ne pleut pas

Anges et chats
Mâtinent
L'exception

131
—
132

Raclette, raclette, raclette
Raclette, raclette
Raclette, Basta!

– Tu me fais
Deux grosses boules
Au chocolat

$\frac{133}{134}$

Flancs de vallée,
Les chalets d'en face
Sont en Léthargie

Coteaux s'estompent
En nuit,
Les ampoules vont luire

135
—
136

Hommes attablés
Zyeutant les fesses
D'une passante

Le chauffeur
Du téléphérique,
Imberbe des mollets

$\frac{137}{138}$

Une montée
A la croix,
Où souffle le paysage

Lent panorama
A tourner
Dans l'ombre de la croix

139
—
140

Au restaurant Le Gueullhi :
Table à langer,
Monnaie sale

J'ai subjugué
Une vieille fille et sa mère,
Hoquet pour révérence

141
—
142

Filet de porc,
En italien :
Filetto di porco

Voilà qu'ils mangent leurs spaghettis,
Les touristes
Italiens

143
—
144

Levant les yeux,
Du pommier,
Je vois une pomme tomber

Le bruit
D'une chaise,
Au sol reculée

145
—
146

Les chevaux,
On les monte
Et on les mange

Boule la tête,
Nature
Mal chargée

147
—
148

Tartine et Kosmos,
Noms de réserve
Pour chats à naître

Et cette rose,
Combien
Je la regarde?

149
—
150

Attablés
A côté de la poubelle :
– Tu parles comme un livre

– Faut leur dire
De touiller
De temps en temps

151
—
152

Une carafe,
Lourde
Comme la Terre

Troupeau de bétail
Tenez vos chiens
En laisse

153
—
154

Se bavent dessus,
En famille,
Au restaurant

Enfin une plaisanterie!
Mais elle ne rit pas,
La réceptionniste

155
—
156

Excursion mortelle :
La chute,
Le livre

Le coffre-fort devant la tente,
Y déposer toute crème,
Ours amateurs

$$\frac{157}{158}$$

Un faux billet?
Non c'est un vrai!
Lustre du Dining Pavillon

Tables musicales
Pour homme seul,
Jeu de mon cru

159
—
160

Panne d'électricité au Dining Pavillon,
Reste le soleil rasant
Le pancake en bord de fenêtre

Obèse randonneuse
Ne sera pas saisie
Par mon appareil photographique

161
—
162

L'obèse randonneuse,
Juste une touriste,
L'obèse touriste

Vallée de la mort:
Une touriste montre ses seins
A son ami

163
—
164

Jupette rose à franges,
Porte mon voisin
Me signalant mon coup de soleil

– Jesus!
Le passant,
Me voyant porter une veste

$$\frac{165}{166}$$

Biche
Broute
L'herbe

Tour de Zion :
Il pleut,
Il ne pleut plus

167
—
168

Ennio Morricone, joue la flûte,
Joue le Navajo,
Joue Antelope Canyon

Taco Bell en bord de route,
Giclée de ketchup
Avant de retourner à l'école

169
—
170

Un motel, un fleuve
Un motel, une route
Deux nuits

Expulsé du casino apache
La plaine,
La route

171
—
172

Elle hait Santa Fe,
Dit-elle, au bar,
Entre deux sushis mode western

Les sushis mode miel
Ôtent l'ennemi de nos remparts,
Telle la poix d'époque

La photographie,
A la rigueur c'est pour les chiens,
A Taos

Hurlant que je suis Suisse,
Le serveur attire sur moi
Le regard de deux policiers

175
—
176

D'une voiture,
Je suis reconnu par une blonde
Que je ne salue pas

Signature de sa grand-mère
Ne donne pas de crédit
A l'adolescente en fuite

L'homme miroir cliquette:
– Bonjour! Bonjour!
Sommes tous passants

Motel à Hollywood:
Chaîne porno,
Mâles voyants

$\frac{179}{180}$

Le chalet Greene & Greene
Arts & Crafts
Bois & sombre

Le filet de pisse,
La guide en parle
En montrant une chaise d'handicapé

181
—
182

En face, à l'instant,
Elle ne lit pas :
Axway bondit

Légumes en vente sur le trottoir
Une fois chez soi,
Bien les laver

183
—
184

Elles se rencontrent,
Se font la bise
L'une ajuste sa robe

Six sacs pour trois femmes,
Qui montent dans l'bus,
Sereines

185
—
186

Échoppe ganja,
Pas d'odeur,
Bruit de scotch

Feuilles chutent
De l'arbrisseau
Sont oiseaux

187
—
188

Automne à peine,
Quoi de rouge?
Le sang

– Where is the cat?
– The cat is
Under the table

J'ai vu
Les yeux
D'un bébé angoissé

A côté du bébé,
La porte ouverte
Je me permets un pet

191
—
192

Rire d'un éméché,
Avant de compter les vaches
A la place des voitures

La chasse est fraîche,
La chair rassie,
La compote chute

193
—
194

Automne,
Pages des livres
Non lus

Madame s'en va,
Moutarde en main,
Tétons sous le pull

195
—
196

Distance à l'emploi :
Proche, provisoirement éloigné,
Définitivement éloigné

Tablée de chômeurs,
Nulle parole
Avant l'entretien

197
—
198

Pas à pas
Le contour,
A cause du mur

Combien de fois
Saurai-je
Les pavés de bois?

199
—
200

Diadème rose,
Casque jaune,
Elle baille à l'art

Je vois bien
Que ces dames
Vont me poser une question

201
—
202

Coucou,
Je suis une cuillère
Au sommet d'un poteau

Coucou,
Si tu regardes
Là

203
—
204

Film montrant un kayak
Que je confonds
Avec un cercueil

Diamants?
Torse nu
Peanuts, cacahuètes

205
—
206

La graisse à la ceinture
Prend un taxi
Pour le centre ville

La police,
En vue de toute cause
Lorsqu'elle se manifeste

207
—
208

Se font les pieds
En chambre noire,
Barbu femelle, barbu mâle

Bouger une chaise :
Certain bruit
D'évier débouché

209
—
210

La voilà, cicatrice,
Épargnée de nos vues,
Purulente

Des cadeaux,
Chaque semaine des cadeaux,
A la place de l'amour

211
—
212

Rapid' Couture
La couture de qualité
Vous remercie de votre visite

Sirop d'orange à la grenade,
Quand l'avion
Trace dans le ciel

213
—
214

Ce matin
Je me suis coupé
Les ongles des pieds

Presque à maudire le ciel,
Avec ces températures élevées
Elle ne vend pas de manteaux

215
—
216

– Si tu me trouves
Une glisse,
Apporte-la moi

– T'as beau être alcoolique,
Mon chéri,
T'en déguste

217
—
218

Cabillaud ou halibut,
La morue mal dessalée
Pollue

Le Monde,
Embruns,
Falaises

219
—
220

Froid la nuit, le jour
Sans se rasséréner,
Un assemblage de planches

Les planches assemblées
Ne furent cabane,
Mais parquet

221
—
222

Sourires tous deux
Hoche, hoche tête
Elle m'émoustille

Traversant le pont par grand vent
Une main coiffe tête :
Il retient sa moumoute

223
—
224

Me figure la vache
Aux taches
En tapis étales

Une poupée russe
Habite
Une maison de poupée

225
—
226

Désormais
Nous nous apprêtons
A manger du goulasch

Elles m'annoncent:
Cris d'animaux
Une mouche vole seule

227
—
228

Parterre d'aînés
Face à
Une scène juvénile

– Une grappa et l'addition!
Pour sortir dans la neige,
Nez rouge, plus d'sous

229
—
230

C'est quoi cette survie,
A touiller la sauce
Sans rien avoir à se dire ?

Une bouillotte à mes pieds,
Tous deux sommes couchés
Nuit !

A rude épreuve,
Heurté trois fois
Mon genou droit

Combien de bœufs tués
Depuis le steak frites
De mon enfance?

233
—
234

A l'occasion de mon anniversaire,
J'use d'un steak frites
Pour remonter l'Enfance

Neige sur le pas de porte
Ai glissé
Et suis tombé

$\frac{235}{236}$

De l'an passé,
Les sons anéantis:
Le silence entre dans mes oreilles

Avec le soutien de la République et canton
de Genève, service cantonal de la culture, et de
la Ville de Genève.

—

Christophe Rey, 237 *haïkus*,
mars 2014, Imprimerie Floch, Mayenne
& La Queue du Tigre – Noir sur noir impression,
Genève.

—

Imprimé en Suisse et en France
Numéro d'impression : 86685
Dépôt légal : mars 2014

—